Ov M   878 1985
Stiller, Andrew.
Handbook of instrumentation

86-321

P9-DXL-990

AHW0659

DATE DUE

GAYLORD			PRINTED IN U.S.A.

Ov M   878 1985
Stiller, Andrew.
Handbook of instrumentation

86-321

P9-DXL-990

AHW0659